COMMENTAIRE

ET

EXPLICATION PRATIQUE

DE

LA LOI DU 27–28 FÉVRIER 1880

RELATIVE A L'ALIÉNATION DES VALEURS MOBILIÈRES
APPARTENANT AUX MINEURS, ET
A LA CONVERSION DE CES VALEURS EN
TITRES AU PORTEUR

PAR

PAUL COULET

AVOCAT A LA COUR D'APPEL DE PARIS.

———

(EXTRAIT DE LA *Revue pratique de droit français*.)

———

PARIS

A. MARESCQ AÎNÉ, LIBRAIRE-ÉDITEUR

20, RUE SOUFFLOT, 20

Au coin de la rue Victor Cousin

—

1880

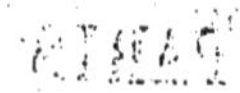

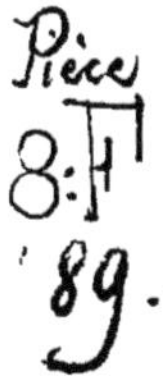

COMMENTAIRE

ET

EXPLICATION PRATIQUE

DE

LA LOI DU 27-28 FÉVRIER 1880

COMMENTAIRE

ET

EXPLICATION PRATIQUE

DE

LA LOI DU 27—28 FÉVRIER 1880

RELATIVE A L'ALIÉNATION DES VALEURS MOBILIÈRES APPAR-
TENANT AUX MINEURS, ET A
LA CONVERSION DE CES VALEURS EN
TITRES AU PORTEUR

PAR

PAUL COULET

AVOCAT A LA COUR D'APPEL DE PARIS.

———

EXTRAIT DE LA *Revue pratique de droit français*
T. XLVII.

———

PARIS

A. MARESCQ AÎNÉ, LIBRAIRE-ÉDITEUR
20, RUE SOUFFLOT, 20
Au coin de la rue Victor-Cousin

—

1880

LOI DU 27-28 FÉVRIER 1880.

Loi relative à l'aliénation des valeurs mobilières appartenant
aux mineurs et aux interdits, et à la conversion de ces mêmes
valeurs en titres au porteur.

Du 27 février 1880.
(Promulguée le 28 février 1880.)

—

Le Sénat et la Chambre des députés ont adopté ;
Le Président de la République promulgue la loi dont la te-
neur suit :

Art. 1er. — Le tuteur ne pourra aliéner, sans y être autorisé
préalablement par le conseil de famille, les rentes, actions,
parts d'intérêts, obligations et autres meubles incorporels
quelconques appartenant au mineur ou à l'interdit.

Le conseil de famille, en autorisant l'aliénation, prescrira les
mesures qu'il jugera utiles.

Art. 2. — Lorsque la valeur des meubles incorporels à aliéner dépassera, d'après l'appréciation du conseil de famille,
quinze cents francs (1,500) en capital, la délibération sera soumise à l'homologation du tribunal, qui statuera en la chambre
du conseil, le ministère public entendu, le tout sans dérogation à l'art. 883 du Code de procédure civile.

Dans tous les cas, le jugement sera rendu en dernier ressort.

Art. 3. — L'aliénation sera opérée par le ministère d'un agent de change, toutes les fois que les valeurs seront négociables à la Bourse, au cours moyen du jour.

Art. 4. — Le mineur émancipé au cours de la tutelle, même assisté de son curateur, devra observer, pour l'aliénation de ses meubles incorporels, les formes ci-dessus prescrites à l'égard du mineur non émancipé.

Cette disposition ne s'applique pas au mineur émancipé par le mariage.

Art. 5. — Le tuteur devra, dans les trois mois qui suivront l'ouverture de la tutelle, convertir en titres nominatifs les titres au porteur appartenant au mineur ou à l'interdit, et dont le conseil de famille n'aurait pas jugé l'aliénation nécessaire ou utile.

Il devra également convertir en titres nominatifs les titres au porteur qui adviendraient au mineur ou à l'interdit, de quelque manière que ce fût, et ce, dans le même délai de trois mois, à partir de l'attribution définitive ou de la mise en possession de ces valeurs.

Le conseil de famille pourra fixer, pour la conversion, un terme plus long.

Lorsque, soit par leur nature, soit à raison de conventions, les valeurs au porteur ne seront pas susceptibles d'être converties en titres nominatifs, le tuteur devra, dans les trois mois, obtenir du conseil de famille l'autorisation, soit de les aliéner avec emploi, soit de les conserver ; dans ce dernier cas, comme dans celui prévu par le paragraphe précédent, le conseil pourra prescrire le dépôt des titres au porteur, au nom du mineur ou de l'interdit, soit à la Caisse des dépôts et consignations, soit entre les mains d'une personne ou d'une société spécialement désignée.

Les délais ci-dessus ne seront applicables que sous la réserve des droits des tiers et des conditions préexistantes.

Art. 6. — Le tuteur devra faire emploi des capitaux appartenant au mineur ou à l'interdit, ou qui leur adviendraient par succession ou autrement, et ce, dans le délai de trois mois, à moins que le conseil ne fixe un délai plus long, auquel cas il pourra en ordonner le dépôt, comme il est dit en l'article précédent.

Les règles prescrites par les articles ci-dessus et par l'art. 455
du Code civil seront applicables à cet emploi.

Les tiers ne seront en aucun cas garants de l'emploi.

Art. 7. — Le subrogé tuteur devra surveiller l'accomplissement des formalités prescrites par les articles précédents. Il
devra, si le tuteur ne s'y conforme pas, provoquer la réunion
du conseil de famille, devant lequel le tuteur sera appelé à
rendre compte de ses actes.

Art. 8. — Les dispositions de la présente loi sont applicables
aux valeurs mobilières appartenant aux mineurs et aliénés placés sous la tutelle, soit de l'administration de l'Assistance publique, soit des administrations hospitalières.

Le conseil de surveillance de l'administration de l'Assistance
publique et les commissions administratives rempliront, à cet
effet, les fonctions attribuées au conseil de famille. Les dispositions de la présente loi sont également applicables aux administrateurs provisoires des biens des aliénés, nommés en exécution de la loi du 30 juin 1838.

Art. 9. — Les tuteurs entrés en fonctions et les mineurs
émancipés antérieurement à la présente loi seront tenus de s'y
conformer. Les délais courront pour eux à partir de la promulgation.

Art. 10. — La conversion de tous titres nominatifs en titres
au porteur est soumise aux mêmes conditions et formalités que
l'aliénation de ces titres.

Art. 11. — Les dispositions de la présente loi sont applicables à l'Algérie, aux colonies de la Martinique, de la Guade-
loupe et de la Réunion. Les délais, en ce qui concerne ces
colonies, seront, quand il y aura lieu, augmentés des délais
supplémentaires fixés, à raison des distances, par la loi du 3 mai
1862.

Art. 12. — La loi du 24 mars 1806 et le décret du 25 septembre 1813 sont abrogés.

La présente loi, délibérée et adoptée par le Sénat et par la Chambre des députés, sera exécutée comme loi de l'Etat.

Fait à Paris, le 27 février 1880.

Signé : Jules Grévy.

Par le Président de la République,
le garde des sceaux, ministre de la justice,

Jules Cazot.

COMMENTAIRE ET EXPLICATION PRATIQUE

DE LA LOI DU 27-28 FÉVRIER 1880.

Une réforme, éminemment utile et qui était depuis long-temps désirée, vient d'être apportée par la loi des 27-28 février 1880 à la question des tuteurs de mineurs ou interdits. Cette loi est relative à l'aliénation des valeurs mobilières appartenant aux mineurs ou aux interdits, et à la conversion de ces mêmes valeurs en titres au porteur.

Nous nous proposons d'examiner les modifications que cette loi a apportées, d'en montrer le but, de comparer les an-ciennes règles avec les nouvelles, et de donner les modes pra-tiques d'exécution de cette loi, qui intéresse les notaires, les juges de paix, les avoués, les agents de change, et ceux qui sont appelés à remplir auprès des incapables les fonctions pro-tectrices de conseils, de tuteurs, de curateurs.

Le Code a établi la tutelle comme une mesure d'ordre pu-blic. Il importe, en effet, que, dans toute société bien orga-isée, ceux qui sont impuissants à se gouverner ne soient pas 'bandonnés sans défense.

En même temps que le Code déclarait certaines classes d'in-dividus *incapables*, il plaçait à côté d'eux des auxiliaires *capa-bles* de prendre soin d'eux et de les représenter ou de les auto-riser dans les actes de la vie civile.

Le Code a établi plusieurs classes d'*incapables ;* l'incapacité dont ils sont frappés n'est pas pour tous de même nature ; elle varie quant à la durée : elle est perpétuelle ou temporaire. Elle atteint une personne soit comme conséquence d'une décision de justice intervenant après procès, soit *ipso jure* et par le fait seul qu'une personne se trouve dans un des cas prévus par la loi et donnant lieu à incapacité.

1º Les mineurs non émancipés sont, par le seul fait de leur état de mineurs non émancipés, *en tutelle :* la personne chargée de prendre soin, tant de leur personne que de leurs biens, s'appelle *administrateur légal,* si les mineurs ont encore leurs père et mère, ou *tuteur,* s'ils sont orphelins. L'incapacité qui les frappe est temporaire et cesse à leur majorité.

2º Les interdits judiciaires : l'incapacité qui les frappe ne peut résulter que d'une décision de justice. Les interdits judiciaires sont placés dans la situation identique à celle des mineurs non émancipés. L'interdit ne peut être relevé de cette incapacité que par une décision de justice.

3º Les interdits légaux : l'incapacité qui les frappe résulte de plein droit, comme conséquence, d'une condamnation à une peine afflictive et infamante. L'État, qui est leur *tuteur,* ne s'occupe, *comme tuteur,* que de leurs biens, et non de leurs personnes.

4º Les mineurs émancipés qui ont un curateur chargé, non plus de les représenter, mais de les assister et de les autoriser dans les actes de la vie civile : la curatelle cesse de plein droit à la majorité.

5º Les individus pourvus d'un conseil judiciaire. Cette incapacité résulte d'une décision judiciaire, dont l'effet ne peut être arrêté que par une décision judiciaire relevant de l'incapacité. Le conseil judiciaire, de même que le curateur, assiste et autorise. (La loi du 27-28 février 1880 ne s'applique pas à cette classe d'incapables, qui restent soumis aux art. 513 et suivants du C. c.)

6º Les aliénés qui, en exécution de la loi du 30 juin 1838, sont placés dans une maison d'aliénés, sont frappés d'incapacité légale temporaire, et reçoivent un administrateur provisoire.

On voit, par cette énumération, que la loi du 27-28 février 1880 s'applique à un grand nombre d'individus incapables, répartis en cinq classes différentes, et qui, par suite de diverses circonstances, ne peuvent se conduire eux-mêmes : la loi a établi les tuteurs, curateurs, conseils judiciaires, administrateurs provisoires, dans le but de protéger les incapables et de gérer leurs biens. Elle a imposé à ceux qui acceptent cette mission, des devoirs, elle a fixé les limites de leur responsabilité. Elle les oblige à se conformer, dans leur gestion et dans les plus petites opérations qu'ils exécutent pour le compte et au nom de leurs pupilles, aux règles spéciales édictées tant par le Code civil que par les lois accessoires. Nous laisserons de côté les devoirs généraux que le Code a imposés aux tuteurs, curateurs, etc., pour nous occuper de la loi du 27-28 février 1880, qui vise l'aliénation des valeurs mobilières appartenant aux incapables.

On ne saurait trop entourer les incapables de garanties, de protections contre la mauvaise gestion et les infidélités dont les tuteurs, curateurs, etc., pourraient se rendre coupables vis-à-vis de leurs pupilles. Voilà ce qui a inspiré le législateur, lorsqu'il a tracé les règles contenues dans les art. 450, 452 et suivants, 2121 du Code civil, 953 et suivants du Code de procédure civile ; voilà ce qui a inspiré la loi du 24 mars 1806, le décret du 25 septembre 1813, la loi du 30 juin 1838. Ces dernières dispositions, toutes de protection et créant des formalités à remplir pour la vente des biens de mineurs, ont été, à l'exception des articles du Code civil, abrogées, et remplacées par la nouvelle loi, qui vient augmenter encore les garanties que les lois citées ci-dessus avaient pour but de donner.

Dans un commentaire qui vient de paraître il y a quelques jours, M. Michot s'élève contre la nouvelle loi, tout en reconnaissant son utilité ; il la trouve trop sévère pour les tuteurs : il regrette les formalités nouvelles édictées par cette loi, et la trouve peu favorable aux mineurs, en ce sens qu'elle augmente les frais entraînés par ces formalités, lorsqu'il est nécessaire d'aliéner les valeurs qui appartiennent aux mineurs.

Comme nous l'avons dit, la loi du 27-28 février 1880 est une loi toute de protection et de garantie pour les incapables contre leurs tuteurs ; les formalités et les frais qui en sont la conséquence sont un corollaire obligé des garanties nouvelles édictées par la loi. D'ailleurs, le conseil de famille, qui, nous le verrons au cours de ce travail, est investi d'une large autorité et d'une compétence étendue, peut, la plupart du temps, prendre toutes les mesures nécessaires pour assurer la protection des biens de l'incapable et éviter les frais exagérés.

Examinons, article par article, cette loi nouvelle, et comparons la nouvelle législation avec l'ancienne.

LOI DU 27-28 FÉVRIER 1880.

Art. 1er. *Le tuteur ne pourra aliéner, sans y être autorisé préalablement par le conseil de famille, les rentes, actions, parts d'intérêts, obligations et autres meubles incorporels quelconques appartenant au mineur ou à l'interdit. Le conseil de famille, en autorisant l'aliénation, prescrira les mesures qu'il jugera utiles.*

Nous avons dit que la loi du 27-28 février, dont on vient de lire le premier article, a abrogé la loi du 24 mars 1806 et le décret du 25 septembre 1813 ; il faut savoir que c'était pour combler une lacune que le Code civil avait laissée subsister que la loi du 24 mars avait été faite. L'art. 452 du Code civil dit que :

« Dans le mois qui suivra la clôture de l'inventaire, le tuteur
« fera vendre, en présence du subrogé tuteur, aux enchères
« reçues par un officier public, et après les affiches ou publi-
« cations, dont le procès-verbal fera mention, *tous les meubles*
« autres que ceux que le conseil de famille l'aurait autorisé à
« conserver en nature. »

Cette rédaction générale, le mot *meubles* ont donné lieu, dès le principe, à des difficultés, car sont *meubles*, non seulement les meubles corporels, les objets mobiliers, mais encore les obligations et actions qui ont pour objet des sommes exigibles ou des effets mobiliers, les actions ou intérêts dans les compagnies de finances, de commerce ou d'industrie, les rentes perpétuelles ou viagères, soit sur l'État, soit sur des particuliers (art. 529 C. c.).

Le législateur de 1804, en ordonnant au tuteur de vendre *tous les meubles*, avait eu en vue seulement les meubles corporels, les objets mobiliers, parce qu'ils sont susceptibles de dépérissement. Cependant, le terme général de *meubles*, l'expression *tous les meubles*, et la qualification de *meubles* donnée aux valeurs et droits incorporels énumérés dans l'art. 529 C. c. pouvaient laisser des doutes, et l'obscurité et l'ambiguïté du Code donnent lieu à des controverses. Le tuteur pouvait-il vendre les valeurs mobilières avec la même facilité que les meubles par leur nature, sans aucune autorisation? Voilà quelle était la question. La loi du 24 mars 1806 éclaircit la question, mais laissa cependant subsister quelques points obscurs, qui étaient encore l'objet de controverses il y a quelque temps, et que la loi du 27-28 février 1880 a définitivement tranchées.

La loi du 24 mars 1806 décida :

« Art. 1er. Les tuteurs de mineurs ou interdits qui n'au-
« raient, en inscriptions ou promesses d'inscriptions de 5 0/0
« consolidés, qu'une rente de 50 francs et au-dessous, en pour-
« ront faire le transfert sans qu'il soit besoin d'*autorisation*
« *spéciale*, ni d'affiches, ni de publications, mais d'après le
« cours constaté du jour, à la charge d'en compter comme du
« produit des meubles.

« Art. 2. Les mineurs émancipés, qui n'auraient de même
« en inscriptions ou promesses d'inscriptions qu'une rente de
« 50 francs et au-dessous, pourront également les transférer
« avec la seule assistance de leurs curateurs, et sans qu'il soit
« besoin *d'avis de parents ou d'aucune autre autorisation*.

« Art. 3. Les inscriptions ou promesses d'inscriptions au-
« dessus de 50 francs de rente ne pourront être vendues par
« les tuteurs ou curateurs qu'avec l'autorisation du conseil de
« famille, et suivant le cours du jour légalement constaté.
« Dans tous les cas, la vente pourra s'effectuer sans qu'il soit
« besoin d'affiches ni de publications. »

La loi du 24 mars 1806 rendait communes ses dispositions aux tuteurs et aux curateurs. Cette extension n'existe pas dans 'art. 452, qui ne parle que des tuteurs. Elle permettait au tuteur de vendre les valeurs mobilières ne dépassant pas 50 francs de rente à 5 0/0 ; au-dessus de 50 francs de rente, la seule formalité exigée était l'autorisation du conseil de famille.

Le décret du 25 septembre 1813 a eu pour but d'étendre les dispositions de la loi du 24 mars 1806 aux mineurs ou inter-dits propriétaires d'actions ou portions d'actions de la Banque de France.

La loi du 24 mars 1806 était muette en ce qui concerne l'homologation de la délibération du conseil de famille. C'était encore une question controversée que celle de savoir s'il y avait lieu à homologation; la jurisprudence s'était prononcée pour la négative.

La loi du 24 mars 1806 laissait encore subsister pendante la question de savoir si les *actions industrielles*, réputées *meubles* aux termes de l'art. 529 C. c., pouvaient être vendues par les tuteurs sans autorisation du conseil de famille; l'opinion généralement admise, et c'était celle de la jurisprudence, était qu'aucune autorisation n'était nécessaire.

L'art. 1er de la loi du 27-28 fév. 1880 a tranché toutes ces difficultés, en édictant que le tuteur ne pourrait aliéner, sans y être autorisé préalablement par le conseil de famille, les *rentes*, *actions*, *parts d'intérêts*, obligations et autres meubles *incorporels quelconques* appartenant au mineur ou à l'interdit.

Ainsi, plus d'équivoque : *toutes* les valeurs mobilières, de quelque nature qu'elles soient, tombent sous le coup de l'article 1er.

Le tuteur devra se faire autoriser par le conseil de famille du mineur, réuni conformément aux règles tracées dans les art. 405 et suivants du Code civil. Il ne sera pas nécessaire qu'il y ait une réunion spéciale du conseil de famille. Cette autorisation pourra être donnée au tuteur lors de la délibération qui le nommera, qui l'autorisera à accepter la succession sous bénéfice d'inventaire, et qui nommera le subrogé tuteur.

Remarquons que, loin de donner plus d'autorité au tuteur, la nouvelle loi prend des garanties contre lui en faveur du mineur ; elle ne distingue plus si la rente est de 50 francs ou au-dessus pour prescrire ou non l'autorisation du conseil de famille ; elle oblige le tuteur, *quelque minime que soit le chiffre de la rente*, à se procurer l'autorisation du conseil de famille. L'art. 1er ajoute que le conseil de famille, en autorisant l'aliénation, prescrira les mesures qu'il jugera utiles.

Cette disposition s'adresse évidemment aux juges de paix, présidents de droit des conseils de famille; ils devront demander, par exemple, aux membres composant le conseil de famille, s'ils ne croient pas devoir, dans l'intérêt du mineur, ordonner que le remploi de l'aliénation des valeurs sera fait de la manière qu'ils prescriront.

Si la valeur des meubles incorporels à aliéner ne dépasse pas 1,500 francs en capital, l'autorisation pure et simple du conseil de famille sera suffisante. Il ne sera pas *nécessaire de le faire homologuer* par le tribunal.

L'art. 1er de la loi, de même que tous les autres articles dans lesquels se trouve le mot *tuteur*, s'applique à toute tutelle; le tuteur légal, le tuteur datif doivent s'y conformer. M. Michot, dans son commentaire, regrette qu'une exception n'ait pas été faite en ce qui concerne le tuteur légal, père ou mère, par la raison que les liens d'affection et la communauté d'intérêts, si grands entre les parents et les enfants, n'existent pas entre les tuteurs datifs et leurs pupilles. M. Michot aurait vu dans cette exception un obstacle à ces indivisions que l'on voit persister souvent entre les parents et les enfants pendant de longues années.

Nous pensons que les regrets de M. Michot ne sont pas fondés, car, s'il redoute les partages anticipés, il reconnaît lui-même que ces partages anticipés étaient fort en faveur *autrefois,* et qu'ils sont devenus bien plus rares depuis qu'une loi fiscale les a rendus si onéreux.

La loi du 27-28 fév. 1880 ne s'applique pas au père administrateur légal; en effet, pendant le mariage, il n'y a pas de *tutelle;* pendant le mariage, le père est *administrateur légal* de la personne et des biens de ses enfants.

M. Guilbon, juge de paix du IXe arrondissement de Paris, dans un article paru dans le *Moniteur des juges de paix,* s'étonne que, dans certains cas, la loi n'ait pas été déclarée applicable au père administrateur légal.

Après avoir constaté la toute-puissance et l'entière liberté du père, en ce qui concerne les biens personnels de ses enfants, et après avoir trouvé dans la coexistence des deux époux, leur union, leurs efforts communs, des éléments de sécurité, de garantie morale et matérielle pour les intérêts que le mineur peut posséder personnellement, M. Guilbon regrette que le législateur n'ait pas admis l'amendement proposé par un sénateur. Cet amendement rendait applicable la nouvelle loi au père administrateur légal dans les cas de séparation de corps obtenue contre lui, de séparation de biens, d'expropriation, de faillite ou déconfiture : M. Guilbon prétend que cet amendement n'a pas été *entendu,* n'a pas été *compris.* Le Sénat,

croyons-nous, a parfaitement compris cet amendement en le
rejetant. Il y a vu une grave atteinte à l'autorité nécessaire du
père de famille.

M. le garde des sceaux soutint que cet amendement tendait
à créer des cas exceptionnels dans lesquels la loi s'appliquerait
au père administrateur légal, et que les règles de la tutelle,
dans son organisation générale, ne s'appliquant pas à l'administration légale du père, il y avait danger à toucher incidem-
ment à cette question.

*Art. 2. Lorsque la valeur des meubles incorporels à aliéner dé-
passera, d'après l'appréciation du conseil de famille, 1,500 francs
en capital, la délibération sera soumise à l'homologation du tribunal, qui statuera en la chambre du conseil, le ministère public
entendu, le tout sans dérogation à l'art. 883 du Code de procédure civile. Dans tous les cas, le jugement rendu sera en dernier
ressort.*

C'est donc au conseil de famille qu'il appartient d'apprécier
la valeur des meubles incorporels à aliéner. Comment le conseil pourra-t-il et devra-t-il faire cette appréciation? Pour certaines valeurs cotées à la Bourse, et dont les cours subissent
des variations peu sensibles, il suffira au conseil de prendre
connaissance, au jour de la délibération, de la cote officielle de
la Bourse, qui sera son guide; mais il se présentera des cas où
le conseil de famille aura à apprécier des valeurs non cotées, ou
qui, bien que cotées, peuvent subir, depuis le jour de la délibération jusqu'au jour de la vente, une augmentation sensible,
de telle sorte que telle valeur, qui avait au jour de la délibération une valeur de 1,500 francs ou au-dessous, se trouvera va-
loir plus de 1,500 francs au jour de la vente. Nous croyons que
le conseil de famille devra, d'après les indications du juge de
paix président, s'éclairer de tous les moyens possibles, voire
même de l'avis d'un agent de change, banquier ou notaire,
et fixer, d'après ces renseignements, son appréciation.

Mais une question se présente ici au sujet de l'homologation :

Lorsque la valeur des meubles incorporels à aliéner ne dépasse pas 1,500 francs de capital, il n'est pas nécessaire de
faire homologuer la délibération du conseil de famille (arti-

cle 1er). Par contre, lorsque cette valeur est supérieure à
1,500 francs de capital, le tuteur ne peut faire procéder à la
vente qu'après homologation de la délibération. Je suppose
une valeur estimée 1,500 francs au jour de la délibération;
cette valeur ne peut être vendue le jour même de la délibération, les nombreuses formalités à remplir rendant cette vente
matériellement impossible. Si donc ce qui valait 1,500 francs
au jour de la délibération se trouve, par suite de fluctuations
des cours, avoir augmenté de valeur et atteindre, par exemple,
au prix de 1,800 francs le jour où le tuteur voudra faire
vendre, la délibération du conseil de famille sera-t-elle nulle,
ou, si elle est valable, devra-t-elle être soumise à l'homologation?

Sur la première question, on pourrait soutenir que la délibération est nulle, car le conseil de famille, qui a consenti à
laisser aliéner une valeur de 1,500 francs de capital, n'eût
peut-être pas autorisé la vente d'une valeur de 1,800 francs de
capital. Quoi qu'il en soit, nous pensons que la délibération est
valable, car le conseil de famille a été plutôt consulté sur l'op-
portunité de l'aliénation que sur son chiffre; son avis favorable
à l'aliénation étant exprimé, cet avis souverain du conseil de
famille doit demeurer irrémissible : la question de chiffres est
ici secondaire.

La seconde question est plus délicate.

Aux termes de l'art. 2, la délibération du conseil de famille,
autorisant l'aliénation d'une valeur de plus de 1,500 francs,
doit être soumise à l'homologation du tribunal. Je suppose que
depuis le jour de la délibération du conseil de famille, la valeur à aliéner, qui était de 1,500 francs ou moins, a monté et
vaut 1,800 francs le jour où on la présente à l'agent de change
pour la faire vendre.

Celui-ci devra-t-il procéder à ce te vente? Pourra-t-il se refuser à y procéder, parce que la délibération n'aura pas été
homologuée par le tribunal?

L'agent de change pourra soutenir que l'art. 2 exige l'homologation d'une délibération autorisant la vente d'un meuble
incorporel d'une valeur de plus de 1,500 francs de capital; or,
le meuble incorporel à vendre vaut 1,800 francs; donc, l'homologation, pourra-t-il dire, est indispensable. Peu importe
qu'au jour de la délibération la valeur du meuble incorporel

fût de 1,500 francs; ce que la loi veut, c'est qu'on ne puisse, sans homologation, aliéner pour plus de 1,500 francs de capital.

Nous ne croyons pas que cette opinion doive être suivie. En effet, l'art. 2 se place seulement au jour de la délibération du conseil de famille, et non au jour de la vente pour faire fixer la valeur de l'objet à aliéner; dès l'instant que le procès-verbal de la délibération constate que le conseil a fait une évaluation de 1,500 francs, quel que soit le cours plus élevé que puisse atteindre le meuble incorporel à aliéner, on est certain qu'il n'y a pas lieu à homologation.

A l'inverse, il y aurait lieu à l'homologation d'une délibération autorisant l'aliénation d'un meuble incorporel d'une valeur de 1,800 francs et fixant ce chiffre, si le lendemain de la délibération il ne valait plus que 1,500 francs, car c'est au moment de la délibération, et lorsque le conseil *apprécie* et fixe un chiffre, qu'il faut se placer pour savoir s'il y aura ou non lieu à homologation.

Enfin, le texte de l'art. 2 est, selon nous, décisif en faveur de notre opinion : « Lorsque la valeur des meubles incorpo-« rels à aliéner dépassera, *d'après l'appréciation du conseil de* « *famille*, 1,500 francs de capital... » C'est la valeur d'après l'appréciation du conseil de famille « *au jour de la délibéra-tion.* » L'art. 2 répond lui-même à la question et la tranche.

Lorsque le conseil de famille aura, dans une délibération autorisant à aliéner, apprécié à plus de 1,500 francs les valeurs à vendre, l'homologation de cette délibération devra être demandée au tribunal par le ministère d'un avoué exerçant près le tribunal de première instance.

Une requête sera adressée au président du tribunal, lequel, par ordonnance mise au bas de la requête, ordonnera la communication au ministère public, et commettra un juge pour faire un rapport (art. 883 P. c.).

Le procureur de la République donnera ses conclusions au bas de ladite ordonnance; la cause sera instruite sommairement. Le tribunal, réuni en la chambre du conseil, en présence du procureur de la République, et après le rapport du juge commis, rendra, par l'organe de son président, le jugement d'homologation (art. 884, 885, 886 P. c.).

Remarquons que le tribunal ne peut qu'accorder ou refuser

l'homologation et ne peut pas modifier la délibération **du conseil.**

Le procès-verbal d'une délibération soumise à homologation devra mentionner, même si la délibération a été prise à l'unanimité, l'avis de chacun des membres du conseil, mais sans le motiver. Cette formalité n'est pas nécessaire au cas d'aliénation d'une valeur de moins de 1,500 francs. Mais, même dans le cas d'aliénation d'une valeur moindre de 1,500 francs, le procès-verbal de la délibération devra pareillement, si la délibération n'a pas été prise à l'unanimité, mentionner l'avis de chacun des membres (art. 883 P. c.).

Les délibérations de conseils de famille peuvent être attaquées en justice; la procédure à suivre est indiquée dans les art. 883 et suivants du Code de procédure civile : le tribunal compétent est le tribunal civil de première instance; le tuteur, les membres du conseil de famille pourront se pourvoir contre la délibération, à l'égard des membres qui auront été de l'avis de la délibération, et qui auront voté dans le sens de ses conclusions; mais l'action ne pourra être intentée contre le juge de paix qui, bien que membre du conseil de famille, en ce sens qu'il en est un des éléments essentiels lors de ses délibérations, cesse d'avoir cette qualité lorsque les délibérations sont rendues, et lorsqu'il s'agit de procès sur la validité de ces délibérations, il ne peut être partie au procès.

L'homologation exigée par l'art. 2 de la loi du **27-28** février 1880 doit être poursuivie devant le tribunal de l'ouverture de la succession, si les valeurs à aliéner dépendent d'une succession échue au mineur ou au domicile du mineur, ou du domicile du mineur dans les autres cas.

Si le tuteur ou le membre du conseil chargé de poursuivre l'homologation ne se conforme pas à sa mission dans le délai fixé par la délibération, ou, à défaut de fixation de délai, dans la quinzaine du jour où la délibération est rendue, un des membres du conseil de famille pourra poursuivre l'homologation contre le tuteur; le subrogé tuteur ou toute personne intéressée, même n'ayant pas fait partie du conseil de famille, pourra au besoin poursuivre l'homologation.

La loi du **27-28** fév. 1880 dit, art. 2 *in fine* :

« Dans tous les cas, le jugement sera rendu en dernier **ressort.** »

Cette disposition de la loi nouvelle est en contradiction avec le Code civil et le Code de procédure civile, qui déclarent que les jugements rendus sur les demandes en nullité de délibération et les jugements d'homologation de délibération sont susceptibles d'appel (art. 889 P. c., 448 C. c.).

Le paragraphe final de l'art. 2 vise les jugements rendus sur les demandes en nullité de délibération aussi bien que les jugements d'homologation de délibération, car, après avoir réglé sommairement la procédure d'homologation, il renvoie à l'article 883 du Code de procédure civile, qui règle la procédure à suivre en matière de demande en nullité de délibération. C'est ainsi qu'on s'explique les mots : *dans tous les cas*, le jugement rendu sera en dernier ressort.

On comprend que la loi du 27-28 fév. 1880 ait dérogé aux règles ordinaires. La voie de l'appel est ouverte contre les jugements rendus sur des contestations de délibérations portant sur des intérêts de la plus haute importance. Ainsi, par exemple, la voie de l'appel est ouverte lorsque le conseil de famille a destitué le tuteur de la tutelle, tandis que lorsqu'il s'agit seulement d'aliénations de meubles incorporels, l'intérêt est moins grand, et, d'ailleurs, il est inutile de compliquer la procédure : ce serait encore créer des lenteurs.

Si des valeurs mobilières valant plus de 1,500 francs étaient immatriculées au nom de plusieurs mineurs, à raison d'une portion inférieure à 1,500 francs pour chacun d'eux, la délibération autorisant l'aliénation ne serait pas soumise à l'homologation.

Mais si des valeurs appartiennent *indivisément* à des mineurs et à des majeurs, de quelle façon l'aliénation pourra-t-elle être faite, étant données les prescriptions de la loi nouvelle.

Avant la loi du 27 février 1880, la jurisprudence avait admis (Trib. de la Seine, 9 novembre 1858 ; Bioche, *Dictionnaire de procédure,* année 1859, n° 6852) que, lorsque des valeurs appartiennent à des mineurs et à des majeurs indivisément, le majeur était tenu, de même que le mineur, de fournir l'autorisation du conseil de famille. Cette jurisprudence est critiquable, car on ne comprend pas trop bien pourquoi on oblige un majeur capable à remplir des formalités spécialement réservées pour les mineurs.

Il résulte de la lettre et de l'esprit de la nouvelle loi que, lorsque des mineurs et des majeurs seront *indivisément* propriétaires de valeurs mobilières, il faudra provoquer le partage de ces valeurs et procéder ensuite à la vente de la portion échue au mineur définitivement et en suivant les règles des art. 1 et 2. Peu importent les causes qui aient amené l'état d'indivision entre majeurs et mineurs : que ce soit par suite d'un immatricule fait conjointement ou indivisément par un père au profit de ses enfants les uns mineurs, les autres majeurs: on devra après la mort du père, si un des enfants est encore mineur, provoquer le partage avant de poser la question de l'aliénation; si, en dehors de tout immatricule fait par le père, l'indivision existe entre majeurs et mineurs par suite de la mort du père, il devra en être de même. Dans le cas où les héritiers majeurs et mineurs conviendraient de rester dans l'indivision, on devra, si l'on veut aliéner la part indivise des mineurs, provoquer le partage préalablement à toute autre opération; cela résulte de l'art. 5, § 2, qui dispose que les formalités imposées au tuteur devront être faites : « *Dans le délai de trois mois à* « *partir de l'attribution ou de la mise en possession de ces va-* « *leurs.* »

Il n'y a eu en effet d'attribution *définitive* que lorsque les opérations de licitation, partage et liquidation ont été faites. Jusqu'à ce jour le mineur propriétaire *indivis* de valeurs n'a pas un droit mathématiquement défini, il a sur ces valeurs une vocation pour une part encore indéterminée, part que le paiement des dettes de la succession, les rapports, etc., pourront amoindrir ou augmenter, il pourra se voir attribuer la totalité de ces valeurs, il pourra même se faire qu'il n'ait aucune de ces valeurs dans son lot : tout cela dépend des opérations de la liquidation et des attributions définitives, comme l'indique la loi.

La part du mineur, étant indivise, pourrait représenter une valeur de plus de 1,500 francs.

Art. 3. *L'aliénation sera opérée par le ministère d'un agent de change toutes les fois que les valeurs seront négociables à la Bourse au cours moyen du jour.*

Le ministère de l'agent de change exigé par l'art. 3 est encore une mesure de garantie dans l'intérêt du mineur, afin que le chiffre du produit de la vente soit constaté officiellement, et pour éviter les trafics auxquels le tuteur pourrait se livrer.

Le ministère de l'agent de change n'est exigé que parce qu'il est officier ministériel; à défaut d'agent de change, le notaire peut en remplir l'office et vendre en Bourse les valeurs.

L'art. 3 impose l'obligation d'avoir recours à l'agent de change toutes les fois que les valeurs seront négociables à la Bourse, c'est-à-dire lorsqu'elles seront cotées.

La vente aura lieu au taux fixé par la cote officielle journalière de la Bourse.

Mais si les valeurs à aliéner ne sont pas cotées à la Bourse, de quelle manière se fera la vente?

Il est des valeurs qui, sans être cotées *en Bourse*, sont cotées *en Banque*, c'est-à-dire que les banquiers, par suite de la loi de l'offre et de la demande de certaines valeurs courantes, quoique non cotées à la Bourse, leur donnent chaque jour un cours qui fait la loi des transactions qui interviennent entre banquiers; nous pensons que les valeurs de ce genre pourront être vendues par l'entremise d'un banquier ou d'un agent de change.

En ce qui concerne les valeurs non cotées en Bourse ni en Banque, on sera forcé de recourir à la vente par adjudication aux enchères en l'étude d'un notaire.

On suivra les formes prescrites par l'art. 452 du Code civil pour la vente des meubles et objets mobiliers; il est vrai que la loi du 24 mars 1806 avait simplifié les formalités à remplir pour la vente des valeurs appartenant aux mineurs, mais la loi du 24 mars 1806 a été purement et simplement abrogée par celle du 27-28 fév. 1880, et, en l'absence de toute règle édictée par la nouvelle loi, il faut retourner au droit commun.

La vente de ces valeurs se fera donc aux enchères, en l'étude et par le ministère d'un notaire, après des affiches, placards, insertions légales et sommaires, dont le procès-verbal de vente fera mention, les parties intéressées présentes ou elles dûment appelées.

Lorsque les valeurs à aliéner seront cotées à la Bourse et devront être vendues par ministère d'agent de change, on devra signifier par acte extrajudiciaire à l'agent de change copie de la délibération du conseil de famille qui aura autorisé l'aliénation ; dans le cas où la délibération aura été soumise à l'homologation, on devra aussi lui signifier copie du jugement d'homologation, afin de lui faire connaître que toutes les formalités ont été remplies, et pour dégager sa responsabilité ; il est vrai qu'en pratique, on n'a pas l'habitude généralement de signifier les jugements de chambre du conseil ; mais, dans l'espèce comme dans d'autres cas, cette manière de procéder ne laisse pas que d'être utile et régulière, car l'expédition de la délibération et la grosse du jugement d'homologation resteront annexées aux minutes d'inventaire du notaire ; leur déplacement serait dès lors impossible.

L'exploit de signification contiendra en outre invitation, et au besoin sommation à l'agent de change, dont le ministère est obligatoire et forcé, de procéder à la vente.

Art. 4. Le mineur émancipé au cours de la tutelle, même assisté de son curateur, devra observer pour l'aliénation de ses meubles incorporels les formes ci-dessus prescrites à l'égard du mineur non émancipé.

Cette disposition ne s'applique pas au mineur émancipé par le mariage.

Nous ne pouvons que renvoyer à tout ce que nous avons dit sous les art. 1 et 2, et qui trouve ici son application. Ajoutons cependant que l'art. 4 innove, lorsqu'il dispense le mineur émancipé par le mariage de toute autorisation ; sous l'ancienne législation, une femme mineure mariée devait fournir, outre l'autorisation de son mari, l'autorisation du conseil de famille.

« Le deuxième alinéa de l'art. 4, fait remarquer M. Michot « dans son Commentaire, ne s'applique pas au mineur éman-« cipé par le mariage.

« Quelle sera donc la situation de ce mineur ?

« Quelle sera la situation du mineur autorisé à faire le com-« merce ? »

M. Michot se pose ces questions et prétend qu'elles sont d'une solution difficile. Selon lui, la loi du 27-28 fév. 1880 ne s'y appliquant pas, la loi du 24 mars 1806, le décret du 25 sept. 1813 ne s'y appliquent pas non plus, puisqu'ils sont abrogés.

« *Tout au plus*, dit M. Michot, si le Code civil s'y applique, » car la loi du 27-28 fév. 1880 a dit : «Sont également abrogées toutes les dispositions de lois contraires à la présente loi. » La loi nouvelle, ayant eu soin de ne viser que le mineur émancipé au cours de la tutelle, ne peut empêcher le Code civil de s'appliquer aux autres mineurs émancipés dont elle n'a pas parlé, et, si la loi nouvelle a abrogé les lois *contraires*, elle ne les a abrogées que vis-à-vis du mineur émancipé *au cours de la tutelle;* les autres mineurs émancipés, ceux émancipés par le mariage (l'art. 4, § 2, les excepte spécialement et les fait rentrer dans le droit commun) et le mineur autorisé à faire le commerce ne relèvent que du Code civil.

Citons, pour éclaircir tous les doutes, ces paroles de M. Denormandie, rapporteur de la loi :

« ... Mais cet état anormal ne peut résulter que d'une ré-
« daction insuffisante, et pour peu qu'on étudie la discussion
« du projet de loi, on arrive facilement à être convaincu;
« l'addition, dans le § 1er de l'art. 4, du mot MÊME devant
« ceux : ASSISTÉ DE SON CURATEUR, indique bien que l'on con-
« sidère l'aliénation par le mineur émancipé, avec la seule as-
« sistance de son curateur, comme étant aujourd'hui de droit
« commun, et il ne paraît pas douteux qu'on reconnaît au mi-
« neur émancipé par le mariage le droit d'aliéner avec la seule
« assistance de son curateur. »

Art. 5. *Le tuteur devra, dans les trois mois qui suivront l'ouverture de la tutelle, convertir en titres nominatifs les titres au porteur appartenant au mineur ou à l'interdit, et dont le conseil de famille n'aurait pas jugé l'aliénation nécessaire ou utile.*

Il devra également convertir en titres nominatifs les titres au porteur qui adviendraient au mineur ou à l'interdit, de quelque manière que ce fût, et dans le même délai de trois mois, à partir de l'attribution définitive ou de la mise en possession de ces valeurs.

Le conseil de famille pourra fixer pour la conversion un terme plus long.

Lorsque, soit par leur nature, soit à raison de conventions, les valeurs au porteur ne seront pas susceptibles d'être converties en titres nominatifs, le tuteur devra, dans les trois mois, obtenir du conseil de famille l'autorisation, soit de les aliéner avec emploi,

*soit de les conserver ; dans ce dernier cas, comme dans celui prévu
par le paragraphe précédent, le conseil pourra prescrire le dépôt
des titres au porteur, au nom du mineur ou de l'interdit, soit à la
Caisse des dépôts et consignations, soit entre les mains d'une personne ou d'une société spécialement désignée.*

*Les délais ci-dessus ne seront applicables que sous la réserve des
droits des tiers et des conventions préexistantes.*

L'art. 5 impose au tuteur une obligation toute nouvelle,
celle de convertir les valeurs au porteur en titres nominatifs
dans les trois mois de l'ouverture de la tutelle, ou de l'attribution définitive, ou de la mise en possession de ces valeurs, si
elles sont échues au mineur ou à l'interdit depuis l'ouverture
de la tutelle.

Cette mesure est encore une garantie donnée au mineur
contre toute mauvaise gestion ou infidélité du tuteur. On comprend facilement que les valeurs au porteur étant comme les
billets de banque, que la seule possession de ces titres étant
une preuve de propriété, un tuteur peu fortuné et peu scrupu-
leux pourrait facilement s'emparer des valeurs au porteur appartenant à un mineur riche.

Le conseil de famille, dit l'art. 5, pourra fixer pour la conversion un terme plus long.

Il est à remarquer que la loi du 27-28 fév. 1880 a étendu la
mission du conseil de famille; suivant le droit commun, le
conseil de famille n'avait à procéder, la plupart du temps,
qu'à de banales formalités ayant pour but la nomination du
tuteur et du subrogé tuteur, l'autorisation d'accepter la succession dévolue au mineur; le conseil de famille n'avait qu'en
des cas exceptionnels et assez rares, à donner son avis sur des
questions importantes; d'après l'art. 5, le conseil de famille
devra toujours s'informer si, dans la succession dévolue au
mineur, se trouvent des valeurs nominatives ou au porteur,
pour qu'il puisse prolonger, s'il le juge convenable, le délai
pour opérer la conversion édictée par les paragraphes 1 et 2 de
l'art. 5, pour qu'il puisse se décider sur la question de savoir
s'il y a lieu d'autoriser ou non l'aliénation des valeurs, et jusqu'à concurrence de quel chiffre, et pour qu'il puisse, dans le
cas où l'aliénation des valeurs n'étant pas demandée, et si la

conversion des titres au porteur en titres nominatifs n'est pas possible, indiquer en quelles mains ces titres seront confiés.

Comme nous l'avons dit ci-dessus, le conseil de famille pourra être saisi des diverses questions dont la solution lui est donnée par la loi du 27-28 fév. 1880, lors de sa première réunion, et donner son avis sur toutes ces questions dans la délibération qui aura nommé le tuteur et le subrogé tuteur, afin que le délai de trois mois imparti par l'art. 5 au tuteur pour la conversion des titres soit le moins possible allongé. Il pourra se faire que ce ne soit que dans une réunion du conseil de famille postérieure à celle qui aura nommé le tuteur, que les questions relatives aux valeurs soient soulevées; c'est pour cette raison que l'art. 5 a permis au conseil de famille d'allonger le délai donné au tuteur pour la conversion. Le délai de trois mois du jour de l'ouverture de la tutelle pourrait être sur le point d'expirer, et le laps de temps insuffisant pour opérer la conversion ; mais il sera préférable, toutes les fois qu'on le pourra, de faire prononcer le conseil de famille sur toutes les questions qui l'intéressent dès la première réunion.

C'est au juge de paix, président des conseils de famille, qu'il appartient d'instruire les membres du conseil des fonctions qui leur sont dévolues, de les éclairer, de les guider dans leurs appréciations, et de les conseiller sur les mesures qu'il croira le plus utiles, et de s'opposer à l'autorisation d'actes qu'il penserait préjudiciables à l'intérêt du mineur ; le juge de paix devra s'entourer de tous les renseignements possibles pour savoir s'il n'est pas échu au mineur de valeurs nominatives ou au porteur sur le sort desquelles il devra consulter le conseil de famille ; il pourra s'aider des procès-verbaux de scellés, ainsi que des inventaires qui auront pu être dressés par les notaires, et s'informer auprès de ceux-ci des valeurs qui peuvent appartenir au mineur ou à l'interdit.

Le paragraphe 4 de l'art. 5 prévoit le cas où des valeurs au porteur ne seront pas susceptibles de conversion en titres nominatifs (cela peut se présenter), soit par leur nature : il existe des valeurs au porteur que les sociétés ou les établissements qui les ont créées ont déclarées non susceptibles de conversion en titres nominatifs, comme par exemple les valeurs russes et presque toutes les valeurs étrangères ; soit à raison de conventions passées entre le propriétaire précédent et la société ou l'établissement financier qui les a créées. Une société aura pu, en émettant des actions ou obligations au porteur, stipuler et convenir avec l'actionnaire ou l'obligataire que les valeurs au porteur ne seront pas converties en titres nominatifs avant un certain nombre d'années.

Dans ce cas, le conseil de famille devra être consulté; le tuteur devra obtenir, dans les trois mois de l'ouverture de la tutelle, ou dans les trois mois de l'attribution, comme il est dit au paragraphe 2 de l'art. 5, l'autorisation, soit de les aliéner, soit de les conserver.

En ce qui touche l'autorisation d'aliéner, on procédera comme il est dit aux art. 1, 2 et 3; si le conseil de famille décide qu'il n'y a pas lieu à aliénation, et si, parmi les titres que possède le mineur ou l'interdit, il en est qui ne peuvent être convertis en titres nominatifs, le conseil devra prescrire le dépôt des titres au porteur au nom du mineur ou de l'interdit, soit à la Caisse des dépôts et consignations, soit entre les mains d'une personne ou d'une société spécialement désignée ; ce dépôt équivaut presque à une conversion nominative, car le titre au porteur déposé sera inscrit *au nom du mineur ; c'est* arriver au but que la loi s'est proposé, à savoir, de ne pas laisser entre les mains du tuteur les valeurs que celui-ci pourrait s'approprier facilement et à l'insu de tous. Par suite de ce dépôt, le tuteur ne pourra retirer les titres sans une juste cause, et sans laisser aux mains du dépositaire une preuve du retrait opéré.

Toutes ces mesures de précautions ont pour but d'assurer, dans l'intérêt du mineur ou de l'interdit, la bonne gestion de sa fortune, et faciliter au tuteur la reddition de ses comptes de tutelle. Il est bien certain que le tuteur pourra seul, et sans aucune autorisation, toucher les dividendes, intérêts, arrérages des valeurs immatriculées ou déposées au nom du mineur; c'est là un des principaux actes de sa gestion : il représente le mineur et il administre sa fortune.

Le paragraphe 5 de l'art. 5 dit que les délais de trois mois accordés au tuteur pour la conversion ne seront applicables que sous la réserve des droits des tiers et des conventions préexistantes. En effet, le précédent propriétaire s'est engagé envers la société créatrice des valeurs au porteur à ne pas les convertir en titres nominatifs avant un certain nombre d'années, ou s'il a donné en *gage*, par exemple, les valeurs au porteur à des tiers, la constitution de gage n'a pas enlevé au propriétaire son droit de propriété, mais ces valeurs passent dans le patrimoine du mineur, grevées du gage et de l'obligation consentis par son auteur; aussi, tant que le gage subsistera entre les mains des tiers, et tant que le nombre d'années stipulées ne sera pas expiré, la conversion sera impossible; voilà pourquoi le délai de trois mois ne courra pas pendant ce temps.

Art. 6. *Le tuteur devra faire emploi des capitaux appartenant au mineur ou à l'interdit, ou qui leur adviendraient par succession ou autrement, et ce, dans le délai de trois mois, à moins que le conseil ne fixe un délai plus long, auquel cas il pourra en ordonner le dépôt, comme il est dit en l'article précédent.*

Les règles prescrites par les articles ci-dessus et par l'art. 455 du Code civil seront applicables à cet emploi.

Les tiers ne seront, en aucun cas, garants de l'emploi.

Cet article prévoit le cas où des sommes d'argent viendraient à échoir au mineur ou à l'interdit; il en ordonne l'emploi dans un délai de trois mois ; ce délai est plus court que celui imparti par l'art. 455 du Code civil : pour faire emploi, il est de six mois, mais l'art. 6 laisse au conseil de famille la latitude de l'augmenter; si le conseil proroge le délai, il devra en même temps ordonner le dépôt des sommes d'argent, comme il est dit à l'art. 5, et cela pour éviter que des sommes d'argent appartenant au mineur ou à l'interdit restent trop longtemps entre les mains du tuteur.

L'art. 6 renvoie, en ce qui concerne les règles de l'emploi, aux articles précédents et à l'art. 455 du Code civil, qui ordonne que le conseil déterminera positivement la somme à laquelle commencera, pour le tuteur, l'obligation d'employer l'excédent des revenus sur la dépense : cet emploi devra être fait dans le délai de six mois, passé lequel le tuteur devra les intérêts à défaut d'emploi.

Le paragraphe 3 de l'art. 6 dit que les tiers ne seront en aucun cas garants de l'emploi ; il faut entendre par *tiers* les personnes que le tuteur aura chargées de faire l'emploi, comme aussi les administrateurs et gérants que le tuteur est autorisé à s'adjoindre, en vertu de l'art. 454 du Code civil; mais c'est au tuteur seul qu'incombe toute la responsabilité de leurs actes; le paragraphe 3 de l'art. 6 n'est que la reproduction, sous une autre forme, de la fin de l'art. 454 C. c.

Art. 7. *Le subrogé tuteur devra surveiller l'accomplissement des formalités prescrites par les articles précédents; il devra, si le tuteur ne s'y conforme pas, provoquer la réunion du conseil de famille, devant lequel le tuteur sera appelé à rendre compte de ses actes.*

L'art. 7 impose au subrogé tuteur des obligations nouvelles; le rôle effacé qu'il a d'après le droit commun devient efficace dans la nouvelle loi, qui a élargi les pouvoirs du subrogé tuteur.

Remarquons, avec M. Michot, que le tuteur reste seul responsable, et la loi ne demande au subrogé tuteur aucune garantie de l'exécution de son mandat.

Du reste, il ne lui sera pas facile de le remplir, en ce qui concerne notamment l'emploi des capitaux dans les trois mois de leur encaissement; comment pourra-t-il surveiller l'emploi, puisque le tuteur peut recevoir les capitaux hors sa présence?

Dans le cas où, malgré ses injonctions, il n'obtiendrait pas du tuteur la réalisation des emplois ou conversions ordonnés par les articles précédents, il devra provoquer la réunion du conseil de famille, auquel le tuteur sera tenu de rendre compte de ses actes.

La loi nouvelle ne donne pas au subrogé tuteur la *faculté* de déférer le tuteur au conseil de famille; elle lui en *impose l'obligation*, mais sa responsabilité cesse dès qu'il a déféré le tuteur au conseil de famille, qui, seul, a mission de *juger* le tuteur, et, suivant les cas, pourra, d'après les règles du droit commun, et en trouvant une cause d'indignité, provoquer la destitution du tuteur.

Art. 8. *Les dispositions de la présente loi sont applicables aux valeurs mobilières appartenant aux mineurs et aliénés placés sous la tutelle, soit de l'administration de l'Assistance publique, soit des administrations hospitalières.*

Le conseil de surveillance de l'administration de l'Assistance

*publique et les commissions administratives rempliront à cet effet
les fonctions attribuées au conseil de famille ; les dispositions de la
présente loi sont également applicables aux administrateurs provisoires des biens des aliénés, nommés en exécution de la loi du
30 juin 1838.*

L'art. 8 étend les dispositions de la nouvelle loi aux mineurs
placés sous la tutelle des administrations hospitalières : ce sont
les *enfants trouvés ;* ces enfants, nés de père et mère inconnus,
n'ont pas de famille, et, par conséquent, ils ne peuvent avoir
de tuteur nommé d'après les règles du Code civil. L'arrêté du
30 ventôse an V et le décret du 19 janvier 1811 ont réglé la situation des enfants trouvés ; il résulte notamment de ces dispositions que les enfants trouvés sont sous la tutelle des commissions administratives, et qu'un membre de cette commission
est spécialement chargé de cette tutelle.

Les membres de la commission administrative remplissent
les fonctions attribuées au conseil de famille, et ils devront, en
ce qui concerne les biens qui peuvent échoir aux enfants trouvés mineurs, se conformer à la nouvelle loi.

L'art. 8 étend aussi les dispositions de la nouvelle loi aux individus *non interdits* placés dans les établissements d'aliénés.

La loi du 30 juin 1838 sur les aliénés a créé une classe d'individus incapables qui sont placés en tutelle. Cette tutelle est
soumise, quant à son mode d'ouverture, à des règles spéciales.

L'art. 31 de la loi du 30 juin 1838 a conféré le droit de tutelle des individus non interdits placés dans les établissements
d'aliénés aux commissions administratives, qui nommeront un
de leurs membres pour les remplir plus spécialement. Ces
commissions administratives rempliront les fonctions de conseil de famille et se conformeront, en ce qui concerne les
valeurs appartenant aux aliénés, aux prescriptions de la nouvelle loi.

Les dispositions de la nouvelle loi sont aussi applicables aux
administrateurs provisoires, qui seront nommés conformément
à l'art. 32 de la loi du 30 juin 1832 ; l'administrateur,
nommé à la diligence des parents de l'aliéné, remplace la
commission administrative et exerce les fonctions de tuteur ;
il n'est pas tuteur, car il ne peut y avoir de tutelle proprement
dite qu'au cas d'interdiction, mais les fonctions de l'administra-

teur provisoire ne sont que passagères et transitoires entre la
tutelle de la commission administrative et la tutelle du véri-
table tuteur qui pourra être nommé, si les parents de l'aliéné
obtiennent un jugement prononçant l'interdiction de ce dernier.

Remarquons que si la commission administrative, remplit les
fonctions de conseil de famille vis-à-vis de l'aliéné et du membre de cette commission chargé spécialement de la tutelle,
cette commission n'a plus aucun droit du jour où un administrateur provisoire est nommé ; à partir de ce moment, l'administration des aliénés est dessaisie de toute tutelle et gestion ;
l'administrateur devra, s'il a besoin d'autorisation, convoquer
le conseil de famille, conformément au droit commun.

*Art. 9. Les tuteurs entrés en fonctions et les mineurs éman-
cipés antérieurement à la présente loi seront tenus de s'y conformer. Les délais courront pour eux à partir de la promulgation.*

La nouvelle loi étend aux mineurs émancipés, comme l'avait
fait la loi du 24 mars 1806, les mesures de protection ci-
dessus édictées ; ce n'est pas comme garantie contre la mauvaise gestion éventuelle du curateur, c'est plutôt pour empêcher le mineur émancipé de se livrer à des dépenses exagérées
et de se ruiner ; le mineur émancipé gère sa fortune lui-même
avec l'assistance de son curateur, mais celui-ci ne fait aucun
acte, il n'a la disposition d'aucune somme d'argent, il ne représente pas son pupille, il l'autorise ; c'est pourquoi la loi a
établi ces règles pour garantir le mineur émancipé contre lui-
même, et non pour le garantir contre son curateur, dont il n'a
rien à craindre.

*Art. 10. La conversion de tous titres nominatifs en titres au
porteur est soumise aux mêmes conditions et formalités que l'aliénation de ces titres.*

La conversion en titres au porteur des valeurs nominatives
peut être demandée au conseil de famille, et comme elle cons-
titue presque une aliénation, il est juste que la conversion en
titres au porteur soit soumise aux mêmes règles que l'aliénation elle-même.

Art. 11...

Art. 12...

Les deux derniers articles de la nouvelle loi ne contiennent aucune disposition ; le premier déclare la nouvelle loi applicable aux colonies, et le second abroge la loi du 24 mars 1806 et le décret du 25 septembre 1813, ainsi que les dispositions des lois qui seraient contraires à la nouvelle loi.

En résumé, la loi du 27-28 avril 1880 confirme les règles générales édictées par le droit commun, et crée des obligations nouvelles à un certain nombre de personnes :

Aux tuteurs de mineurs et d'interdits ;

Aux mineurs émancipés auxquels s'appliquent toutes les formalités prescrites pour les tuteurs ;

Aux membres des conseils de surveillance administrative chargés spécialement de la tutelle des enfants trouvés ;

Aux membres des commissions administratives chargés spécialement de la tutelle des individus non interdits placés dans les établissements d'aliénés ;

Aux administrateurs provisoires des biens des aliénés non interdits, nommés en exécution de l'art. 32 de la loi du 30 juin 1838.

Toutes les personnes investies de ces fonctions doivent se conformer à cette loi pour l'aliénation et la conversion des valeurs au porteur appartenant à leurs pupilles. La nouvelle loi s'applique aussi :

Aux juges de paix qui président les conseils de famille ;

Aux commissions administratives hospitalières qui remplissent auprès des enfants trouvés les fonctions de conseil de famille ;

Aux commissions administratives qui remplissent auprès des aliénés non interdits et placés dans les maisons d'aliénés les fonctions de conseil de famille.

L'obligation qui leur est imposée est de s'informer s'il existe des valeurs au porteur ou nominatives appartenant aux mineurs et interdits, afin de saisir les conseils de famille ou les commissions qui les remplacent des questions qu'ils ont à décider en ce qui concerne l'aliénation, la conversion, le dépôt de ces valeurs, et les délais dans lesquels ces opérations devront être faites.

Cette loi intéresse aussi les notaires, avoués, agents de

change, banquiers, compagnies de chemins de fer et autres
sociétés financières, commerciales et industrielles qui devront,
chacun en ce qui les concerne, ne procéder aux divers actes
de leur compétence qu'après avoir vérifié, pour dégager leur
responsabilité, si toutes les formalités ont été strictement remplies.

Nous nous permettrons, en terminant, de relever une lacune
de la nouvelle loi ; à toutes ces formalités qu'elle crée et impose, il manque, selon nous, une sanction pénale : la surveillance du subrogé tuteur, son obligation d'appeler le tuteur
devant le conseil de famille, tout cela est insuffisant, et il y a à
craindre que, par suite de ce nouvel état de choses, de graves
procès ne prennent naissance relativement à la gestion des
tuteurs : la jurisprudence, nous l'espérons, suppléera au silence
du législateur.

Paris. — Imprimerie de Charles Noblet, 13, rue Cujas. — 8014.

CHEZ LE MÊME ÉDITEUR

Codes français et lois usuelles, décrets, ordonnances et avis du conseil d'Etat, qui les complètent ou les modifient, conformes aux textes officiels, avec une conférence des articles basée principalement sur la jurisprudence, et annotés des arrêts de la Cour de cassation et des circulaires ministérielles, par H. F. RIVIÈRE, docteur en droit, avocat général à la Cour de cassation, membre correspondant de l'Académie de législation de Toulouse, avec le concours de MM. FAUSTIN HÉLIE, membre de l'Institut, vice-président du conseil d'Etat, et PAUL PONT, membre de l'Institut, conseiller à la Cour de cassation. 1880. *Sixième édition* refondue et augmentée. Un très fort vol. gr. in-8 jésus. Prix : broché, 25 fr.; relié, 28 fr.; le même ouvrage relié en 2 vol. 31 fr.

Les mêmes Codes français et lois usuelles, suivis des textes de l'ancien droit mis en rapport avec la législation en vigueur, format in-32 colombier. Prix : broché, 6 fr.; relié, 7 fr. 50.

Cours élémentaire de droit civil français, par F. LAURENT, professeur à l'Université de Gand, 4 vol. in-8. 36 fr.

Principes de droit civil français, par F. LAURENT. 33 vol. in-8. 297 fr.

Traité des Bourses de commerce, des agents de change et des commissionnaires, par M. BRAVARD-VEYRIÈRES, professeur à la Faculté de droit de Paris, publié, complété et annoté par M. DEMANGEAT, conseiller à la Cour de cassation, professeur honoraire à la Faculté de droit de Paris. 1 vol. in-8. 8 fr.

Traité théorique et pratique des valeurs mobilières et effets publics, rentes sur l'Etat, actions et obligations financières et industrielles, titres nominatifs et au porteur, et de la législation qui les régit, d'après les dernières solutions de la jurisprudence et la loi du 24 juillet 1867, par AMBROISE BUCHÈRE, docteur en droit, conseiller à la cour d'appel de Paris. 1 vol. in-8. 9 fr.

Traité théorique et pratique des opérations de la Bourse, transferts, mutations et conversions des rentes sur l'Etat, actions, obligations et autres valeurs mobilières, marchés au comptant et à terme, jeux de Bourse, etc., et des actions judiciaires auxquelles ils donnent naissance d'après les principes qui les régissent et les dernières solutions de la jurisprudence, suivi du règlement des agents de change de Paris, par AMBROISE BUCHÈRE, docteur en droit, conseiller à la cour d'appel de Paris. 1 vol. in-8. 9 fr.

Traité théorique et pratique des actes de l'état civil, par EMILE MERSIER, président du tribunal civil de Pontoise. 1 vol. in-8. 9 fr.

Traité de la possession des meubles et des titres au porteur, par DANIEL DE FOLLEVILLE, avocat à la cour d'appel, doyen de la Faculté de droit de Douai. Deuxième édition avec la collaboration de M. JULES LONFIER, avocat, docteur en droit. 1875. Un très fort vol. in-8. 12 fr.

Traité théorique et pratique de la naturalisation. Etudes de droit international privé, par DANIEL DE FOLLEVILLE, doyen de la Faculté de droit de Douai, avocat à la cour d'appel. 1880, un fort vol. in-8. 10 fr.

Paris. — Imprimerie de Ch. Noblet 13, rue Cujas. — 7894.

9 782019 947651